O MACACO CONSELHEIRO

Tieloy

FEB

Copyright © 2008 by
FEDERAÇÃO ESPÍRITA BRASILEIRA – FEB

1ª edição – 4ª impressão – 3 mil exemplares – 5/2013

ISBN 978-85-7328-563-5

Todos os direitos reservados. Nenhuma parte desta publicação pode ser reproduzida, armazenada ou transmitida, total ou parcialmente, por quaisquer métodos ou processos, sem autorização do detentor do *copyright*.

FEDERAÇÃO ESPÍRITA BRASILEIRA – FEB
Av. L2 Norte – Q. 603 – Conjunto F (SGAN)
70830-030 – Brasília (DF) – Brasil
www.feblivraria.com.br
editorial@febnet.org.br
+55 61 2101 6198

Pedidos de livros à FEB – Departamento Editorial
Tel.: (21) 2187 8282 / Fax: (21) 2187 8298

Texto revisado conforme o Novo Acordo Ortográfico

Dados Internacionais de Catalogação na Publicação (CIP)
(Federação Espírita Brasileira – Biblioteca de Obras Raras)

T562m Tieloy, 1935–

    O macaco conselheiro / Tieloy; [Ilustrações: Lourival Bandeira de Melo Neto]. 1. ed. 4. imp. – Brasília: FEB, 2013.

    47 p.; il. color.; 25 cm

    ISBN 978-85-7328-563-5
    1. Literatura infantil espírita. 2. Poesia infantojuvenil brasileira. I. Melo neto, Lourival bandeira de. II. Federação Espírita Brasileira. III. Título.

    CDD 028.5
    CDU 087.5
    CDE 81.00.00

Este livrinho é dedicado a todos que atendem fraternalmente aos irmãos sofredores.

A simples disposição de ouvir
pode se constituir na maior ajuda
que oferecemos a um irmão que
procura auxílio.

Tieloy

Dona Anta caminhava pela mata em busca de alguma coisa para mastigar, pois tinha a barriga vazia e isso lhe causava um certo aborrecimento. Enquanto andava, ia cantando:

Este mundo é muito chato,
Tão chato que faz doer.
É preciso andar no mato
Pra encontrar o que comer.

Eu queria descansar
E ter tudo em minhas patas.
Viver de papo pro ar
Sem zanzar por estas matas.

Por que não nasci uma ave
Pra voar por este céu?
Este meu corpo é um entrave,
Me leva pro beleléu.

Nisso, ela ouve uma voz:

> Que coisa mais sem sentido!
> Que bobagem, Dona Anta!
> De tudo o que tenho ouvido,
> Isso é o que mais me espanta.

Dona Anta parou meio assustada.

— Quem foi que falou? Apareça!

Nisso, ela viu um velho bugio saindo de trás de uma peroba e declarando:

> Não se assuste, minha amiga,
> Eu só achei esquisito.
> É que ouvindo sua cantiga
> Não vi nada de bonito.

Era um macaco bem velhinho, com os pelos todos brancos, mas com uma cara bondosa e risonha.

A anta ficou admirada.

— Eu nunca o vi por aqui! — exclamou ela. — De onde foi que o senhor veio?

O bugio coçou o queixo com a mão trêmula e informou:

Eu venho de outro lugar
Que fica muito distante,
E pretendo aqui ficar
Deste momento em diante.

Sou muito velho, menina,
Já vi de tudo um pouquinho,
Mas a vida nos ensina
A seguir nosso caminho.

Como vai ser eu não sei,
Se será bom ou ruim.
Só sei que, cumprindo a lei,
Darei bem conta de mim.

Procure ser conformada.
Cumpra a lei, fique contente,
Pois a próxima estrada
Pode ser bem diferente.

A anta pensou um pouco, depois balançou a cabeça e foi embora sorrindo, deixando o velho bugio também com um largo sorriso estampado na cara.

Um pouco mais adiante, ela encontrou a jaguatirica no galho mais baixo de um pé de angico e viu que a oncinha estava triste.

— Olá, Dona Jaguatirica! Tudo bem? A senhora parece um pouco abatida. Algum problema em que eu possa ajudar?

A jaguatirica deu um longo suspiro antes de falar.

— É problema de amor, Dona Anta. Ninguém pode me ajudar.

— Isso é que pode! — exclamou a anta.

— Conheci um macaco que é muito sábio e me pareceu que ele gosta de ajudar os outros. Por que a senhora não o procura? Ele costuma ficar lá na peroba grande. Vá lá, minha amiga! Não custa nada tentar. Ah! fale tudo em versos. Ele gosta muito de quadrinhas.

Pouco depois, a jaguatirica chegava ao lugar indicado, mas, não vendo ninguém, começou a se afastar, quando ouviu uma voz que dizia:

>Quem veio assim tão tristonha
>Pra me ver e não me viu,
>Vai sair daqui risonha
>Tal como a anta saiu.

A jaguatirica respondeu:

>Sou eu, a pequena oncinha.
>Meu amado não me quis,
>E o amor que eu lhe tinha
>Tornou-se vão e infeliz.
>
>Agora vivo perdida
>Em suspiros de tristeza,
>Me sinto assim tão ferida.
>Essa é minha natureza.

O macaco saiu de trás da peroba e disse:

Minha filha, tenha fé,
Outro par há de chegar.
Pode ser que ele até
Bem perto já possa estar.

Fique atenta e sorridente,
Mande embora essa tristeza,
Pois a vendo bem contente,
Se apresenta com presteza.

E, tendo dito isso, o velho macaco branco sumiu por trás da peroba, deixando a jaguatirica um tanto pensativa.

Pouco depois, ela deu um sorriso e saiu em disparada dando pulos de alegria.

A anta e a jaguatirica espalharam a novidade por toda a mata e os bichos ficaram curiosos para conhecer o macaco branco. Depois que ambas falaram sobre o modo como ele gostava de ouvir os problemas de cada um e como dava as respostas, todos acharam o método muito divertido e passaram a treinar para compor quadrinhas.

Muito chateada, Dona Sucuri chegou à peroba onde vivia o macaco branco, se arrastando e declamando:

> Ai, que grande injustiça
> Nascer com este corpo liso!
> Como sou toda roliça,
> Fico só no prejuízo.

Queria ter perna, braço,
Pra poder correr, pegar.
Não ficar nesse embaraço
Quando vou me alimentar.

Por que fui nascer assim?
Que fiz eu pra merecer?
Que conselho dá pra mim?
Que consolo posso ter?

O velho macaco não saiu de trás da peroba, pois ninguém gostava de estar muito perto da sucuri, mas disse bem alto:

Injustiça isso não traz.
Cada um tem que aprender
Que a vida que nos apraz
Não podemos escolher.

O corpo que recebemos
É o que melhor nos assenta,
E a vida que ora temos
É a melhor que se nos apresenta.

Quando a senhora entender,
Vai ver o quanto aprendeu.
E depois agradecer
O corpo que recebeu.

Vai gostar de ser assim
E se achar muito formosa,
Vendo em seu corpo, enfim,
A razão de estar bem prosa.

Dito isso, a voz se calou e a sucuri não teve mais dúvidas. Criou novo ânimo e foi embora toda satisfeita.

Não demorou muito, veio o gavião e, sabendo como se dirigir ao macaco, foi logo dizendo:

Estou querendo saber
Que são as luzes que vejo
Depois do anoitecer.
É só esse o meu desejo.

São luzes que tanto piscam,
Distantes no firmamento.
Quero saber onde ficam
E o que lhes dá esse alento.

A resposta não se fez esperar.

São todas outras moradas
Na imensa casa do Pai.
Outros mundos, outras paradas,
Pra receber quem se vai.

Há mundos bem atrasados,
Outros mais evoluídos.
E há palácios dourados
Para Espíritos crescidos.

Tendo os homens já passado
Por todas as suas provas,
Terão, enfim, conquistado
Direito a moradas novas.

O gavião, que não era nada bobo, logo compreendeu o que o macaco estava lhe ensinando e respondeu agradecido:

Isso vem nos revelar
Que o universo é grandioso,
E os homens vão encontrar
Outro lar bem mais gostoso.

Deve ser bom merecer
Uma casa assim tão boa.
Mas o homem para a ter,
Não pode ficar à toa.

Obrigado, meu amigo,
Já estou mais informado.
E agora te bendigo
Por me haveres ensinado.

Dito isso, o gavião levantou voo e sumiu no espaço.

Na clareira do Jatobasão, onde estava localizado o trono de pedra, o rei Gato-do-Mato ficou sabendo que havia um macaco branco ouvindo os problemas dos bichos, dando-lhes bons conselhos, ensinando e consolando. Tratava-se de um macaco que viera de outra mata e se estabelecera na peroba grande. Na verdade, ninguém sabia de onde viera e por que viera para a Mata do Jatobasão. Era um macaco muito velho e, aparentemente, muito sábio; e um poeta, segundo afirmavam todos, pois falava em quadrinhas que se encaixavam perfeitamente nos problemas de cada um. Seria interessante procurar obter mais algumas informações a respeito dele, mas a quem encarregaria de obter essas informações?

— Dona Garça! — chamou o Rei.

— Pois não, Majestade. Estou às suas ordens.

— Peça ao Senhor Tico-tico que procure Dona Coruja. Diga que é para ela vir aqui. Preciso muito falar de um assunto que está me preocupando.

— É pra já, Majestade.

E a garça saiu correndo.

Pouco depois, Dona Coruja apareceu. Vinha esfregando os olhos e parecia bem sonolenta.

— Mandou me chamar, Majestade? Demorei um pouco porque estava dormindo. Passei a noite toda acordada, mas estou pronta para servi-lo.

E o Rei entrou direto no assunto, pedindo a Dona Coruja que indicasse alguém para a tarefa de investigar um pouco o estranho macaco branco que falava em versos. Tinha que ser algum bicho esperto e discreto ao mesmo tempo; não convinha ofender quem estava fazendo tanto bem.

A coruja pensou um pouco.

— A meu ver, Majestade, é preciso alguém que saiba rimar e tenha, ao mesmo tempo, capacidade de investigar sem demonstrar que é isso o que está fazendo. Assim, de imediato, não vejo quem poderia ser. Dom Tatu, talvez. Ou mesmo o Senhor Jabuti que é o mais idoso de nós todos. Ele é lerdo, mas é muito sabido.

— É isso, Dona Coruja! O Senhor Jabuti é capaz de descobrir o que queremos. Vamos pedir a ele!

O jabuti demorou dois dias para chegar até a grande peroba onde estava o macaco, mas, como andava devagar e parava de vez em quando, não estava nem um pouco cansado ao chegar. De início, não viu nada, mas depois percebeu algum movimento por detrás da árvore e foi logo declarando:

Quem será que está escondido?
Não se mostra pra ninguém!
Deve ser alguém sofrido.
Que dores será que tem?

Será que posso ajudar?
Conhecer o seu problema?
Ou devo me afastar?
DEUS do céu! Mas que dilema!

O macaco saiu de trás da peroba e olhou para baixo.

Vejam só! Um jabuti
Que está com pena de mim.
De tantos que eu já vi,
Nenhum deles era assim.

Nenhum bicho apareceu
Que não tivesse uma queixa.
E, por isso, o caso seu
Interessado me deixa.

O senhor está contente
Com o que a vida lhe dá,
Pra vir assim de repente
Se oferecer pra ajudar?

O jabuti ergueu a voz.

Espere aí, meu amigo,
A rima não combinou.
Está errada, isso digo,
Pois poeta eu também sou.

O macaco deu uma risada.

Claro que a rima não cabe.
Foi um teste, o que eu fiz,
Para ver se o senhor sabe
Exatamente o que diz.

Parece que o meu amigo
Sabe rimar o bastante.
Mas, vá lá, fale comigo,
Que deseja neste instante?

Eu garanto pro senhor
Que de ajuda não careço.
Mas, o auxílio de valor,
Onde vejo, reconheço.

O jabuti balançou a cabeça.

Fala, Senhor Macaco,
Nesta mata, o que faz?
Ao pensar nisso, eu empaco,
Não sei o que aqui o traz.

Disseram que o senhor veio
Com a missão de ajudar,
De ser pra nós um esteio,
Por muito a todos amar.

O macaco respondeu:

Eu vim de muito distante
Por saber que nesta mata
Há um Rei sábio e elegante,
A quem todo bicho acata.

Mas também fiquei a par
Que há por aqui muita dor.
Por isso vim ajudar
A quem necessário for.

Dou conselhos, esclareço,
Procuro ouvir com atenção
A bichos que não conheço;
Deles todos sou um irmão.

O meu saber é da idade.
Minha estrada não foi lisa.
E agora minha vontade
É ajudar quem precisa.

Por isso vou ajudando,
Praticando a caridade.
Sigo em frente, vou andando,
Assim, me sinto à vontade.

Diga a seu Rei preocupado
Que não tema a minha vinda.
Em breve estou acabado
E minha missão se finda.

O jabuti se admirou ao descobrir que o macaco já estava a par de sua missão, sabia da preocupação do Rei.

Como é que descobriu
Que nosso Rei me mandou,
Se nem ao menos o viu?
Será que alguém lhe falou?

O velho bugio deu um sorriso.

Não foi preciso assuntar
O que se passa distante.
As aves posso escutar,
E elas falam bastante.

Há algum tempo que eu sei
Qual é a sua missão.
Sei também que vosso Rei
Tem grande preocupação.

Mas, repito, fique em paz
E tranquilize seu Rei.
Não há mal no que se faz,
Se tudo estiver na lei.

Quer saber que lei eu sigo?
Então, ouça com atenção:
É a Lei de DEUS, meu amigo,
Que manda ajudar o irmão.

Por isso, sempre que posso,
Ajudo ao necessitado.
Ele é um irmão nosso
Que está desajustado.

Dou um conselho, um aviso,
Indico a ele o caminho,
Recomendo-lhe juízo,
Porque nunca está sozinho.

Eu sei que assim agindo,
Vou fazendo caridade
E acabo descobrindo
Que fiz de DEUS a vontade.

O jabuti balançou a cabeça concordando e se despediu. Voltou caminhando, com seus passinhos lentos, rumo à clareira do trono para dizer ao Rei Gato-do-Mato que o macaco branco não oferecia perigo algum. Estava muito velho e dentro de bem pouco tempo deixaria este mundo, onde havia tanta dor e tantos irmãos precisando de ajuda. No momento, seu desejo era apenas ajudar a todos que o procurassem.

Quando o Rei ouviu o relato do jabuti, não se conteve.

— Mas por que ele só fala rimando? Por que não fala como todos nós? O Senhor não acha isso muito estranho?

— Eu penso que sei, Majestade — informou a coruja, que também ouvira o relato —, ele está usando um pouco de Psicologia.

— Como assim? — perguntou o Rei.

— Eu explico, Majestade. Quem precisa de ajuda deve se esforçar um pouco para obtê-la. Não basta pedir apenas. O que nos é dado, sem nenhum esforço de nossa parte, perde um pouco o seu valor, mas, quando nos sacrificamos para conseguir ajuda, o auxílio é muito mais valorizado. Pelo visto, o macaco branco não exige muito; ele quer apenas que os bichos façam algum esforço. Afinal de contas, compor quadrinhas não é muito difícil.

O Rei balançou a cabeça concordando.

— Acho que a senhora está certa, Dona Coruja. E, sendo assim, vamos deixar o macaco branco em paz. Espero que ele viva ainda bastante tempo, pois temos muitos bichos com problemas que nós não podemos resolver. Mas é meu desejo, Dona Coruja, que a senhora o procure. Diga-lhe que é muito bem-vindo à Mata do Jatobasão e que nós estamos prontos para ajudá-lo, caso necessite. Pergunte se precisa de alguma coisa, se está bem alojado, se há alimento suficiente lá perto da peroba e, finalmente, se não há nada que possamos fazer, pois gostaríamos de colaborar em seu trabalho beneficente.

Assim, o macaco branco permaneceu ainda alguns anos na Mata do Jatobasão e, quando morreu, deixou um número incontável de amigos que, ainda hoje, sentem saudades do macaco que falava rimado.

Para pensar:

— Quem é o nosso próximo?

— Por que é importante ajudar o próximo?

— Por quem devemos começar? Pelo próximo mais distante, pelo que está mais perto, ou por qualquer um que de nós se aproxime?

Quem estende sempre a mão
Pro infeliz necessitado,
Faz da vida uma canção
Onde DEUS é bem louvado.

Tieloy

Como funciona?

Utilize o aplicativo QR Code no seu aparelho celular ou *tablet*, posicione o leitor sobre a figura demonstrada acima, a imagem será captada através da câmera do seu aparelho e serão decodificadas as informações que levarão você para o *site* da Editora.

Conselho Editorial:
Antonio Cesar Perri de Carvalho — Presidente

Coordenação Editorial:
Geraldo Campetti Sobrinho

Produção Editorial:
Fernando Cesar Quaglia
Rosiane Dias Rodrigues

Coordenação de Revisão:
Davi Miranda

Revisão:
Lígia Dib Carneiro

Ilustração, Capa:
Lourival Bandeira

Projeto gráfico:
Ingrid Saori Furuta
João Guilherme Andery Tayer

Diagramação:
Ingrid Saori Furuta

Normalização Técnica:
Biblioteca de Obras Raras e Patrimônio do Livro

Esta edição foi impressa pela Edelbra Gráfica Ltda., Erechim, RS, com uma tiragem de 3 mil exemplares, todos em formato fechado de 200x250 mm. Os papéis utilizados foram o Couché Brilho 115g/m² para o miolo e o cartão Supremo 250g/m² para a capa. O texto principal foi composto em fonte Overlock 16/19,2.